AF451881

LES
FIGURES
DU TEMPLE
ET
DU PALAIS
DE
SALOMON:

BIBLIOTHÈQUE DE L'ARSENAL

Par Mr MAILLET, *Prestre & Chanoine de l'Eglise de Troyes.*

A PARIS,
Chez GUILLAUME DESPREZ, Imprim. & Lib. ord. du Roy, ruë S. Jacques, à S. Prosper & aux trois Vertus, vis-à-vis la porte du Cloistre des Mathurins.

M. DC. XCV.

AVEC PRIVILEGE DE SA MAJESTE.

A MESSIRE,

MESSIRE EDOUARD
COLBERT,
MARQUIS
DE VILLACERF,
SURINTENDANT
DES BASTIMENS.

Monsieur,

*Il ne seroit pas juste de donner au public
le Temple de Salomon & ses Palais comme
quelque chose de grand, sans les faire pa-
roistre sous vostre Nom. Tous les Ou-*

vrages qui regardent l'Architecture, vous doivent quelque sorte d'hommage depuis que Sa Majesté vous a choisi pour avoir la Surintendance de ses Maisons royales. On peut dire sans vous flatter, que vous avez répondu à ce choix, par un goust seur & un sens le plus droit qui fut jamais. Si mon dessein peut vous plaire, je suis presque asseuré de l'approbation de toutes les personnes qui ont quelque connoissance de cet Art; & j'auray lieu sans doute d'estre content de mon travail s'il sert aux Sçavans, & s'il me donne lieu de vous témoigner ma reconnoissance & le zele avec lequel je suis,

MONSIEUR,

Voftre très-humble & très-obeïffant Serviteur,
MAILLET.

AVER-

AVERTISSEMENT.

A PRE'S avoir lû avec application les Interpretes qui parlent de la forme & de la figure du Temple de Salomon, qui selon l'Ecriture sainte a dû estre la plus grande des merveilles de la terre, j'ay crû que je pouvois m'occuper à en relever le Plan, pour la gloire de l'Eglise, & l'honneur de l'Architecture; puisque ce premier modelle qui fut si parfait, a sans doute donné lieu à tous les ordres d'Architecture, qui ont commencé à estre en usage dans le monde depuis ce magnifique bâtiment, qui par les proportions que Dieu même dicta à David, pour les faire executer à Salomon son fils, ne pouvoit manquer de plaire & d'estre regardé avec admiration. Ce qui m'a davantage porté à ce dessein, est que j'ay trouvé que les Interpretes, ou ceux qui sur leurs memoires avoient travaillé à nous en faire un Plan, n'avoient nullement fait leurs figures conformes à leurs sentimens, n'ayant rien donné de ce grand ni de ce correct qu'on cherche avec empressement & par raison dans cet ouvrage.

Pour suivre simplement mes idées, j'ay negligé de voir les figures de Vilalpande, afin de n'estre prevenu de rien, de crainte de me distraire moy-même de ce que je me suis proposé, qui est, comme je l'ay dit, de suivre uniquement les proportions que Dieu a prescrites, en y ajoûtant ce que je trouve de bon dans l'explication des Interpretes qui s'accommodent dans leurs raisonnemens aux principes de l'Art, tâchant d'en former ainsi un Plan où je puisse, sans m'écarter du Texte sacré, faire entrer ce que les Anciens ont eu de plus magnifique dans leurs ouvrages publics. Afin qu'on juge mieux de mon dessein, je vais rapporter en peu de mots ce qu'il y a d'essentiel pour le Temple dans la sainte Bible, ce que les Interpretes ont pensé de plus juste sur ce sujet, avec la maniere dont j'ay conçu le tout, suivant la connoissance que la lecture & la pratique m'ont donné; & on verra par mes desseins, dans lesquels entrent les trois ordres d'Architecture dont tous les autres sont composez, si l'execution n'a pas quelque chose de ce grand qu'on cherche si religieusement dans les figures trop confuses des autres, sans le pouvoir trouver.

Je m'expliqueray par des termes Grecs, puisqu'ils sont en usage, quoique le Temple & ses ornemens soient plus anciens que les termes; mais c'est l'adresse des Grecs de se servir des termes des Arts, qu'ils nous ont donnez, sans en estre les inventeurs, ayant écrit avec élegance sur les principes qu'ils ont tirez des Juifs ou des Egyptiens. J'ay mis dans le Saint des Saints l'ordre Dorique, & convenable à ce lieu saint & terrible, sans base ni piedestal. J'ay mis des piedestaux à l'ordre Ionique du portique & du Temple, & j'y ay mis la base décrite par Vitruve, speciale pour cet ordre; ce que j'ay obser-

ē

vé au fecond étage, que j'ay fait entierement de l'Ionique, me donnant la liberté des Anciens, qui fouvent employent un même ordre pour plufieurs étages. J'ay mis le Corinthien au troifiéme étage, pour prouver que dans ce Temple eftoient ramaffées toutes les beautez des ornemens de l'Architecture. A ce troifiéme ordre j'ay mis la bafe Attique, & luy ay fait fon chapiteau écrafé fans mogdillons dans fa corniche, fuivant la doctrine de Vitruve; le tout pour reprefenter, fuivant le fentiment d'un des plus habiles hommes du fiecle, ce qui devoit eftre en ce temps-là: non que je me détermine à ces ornemens pour mon ufage dans ce temps-cy; mais pour fuivre la verité, comme dit ce grand homme, & les chofes comme elles doivent eftre dans les temps pour lefquels on les fait. Pour les ornemens que j'ay employez, il n'y a rien qui ne fe trouve dans l'antique, duquel je ne me fuis écarté qu'autant qu'il eft permis à un homme qui a fon fentiment comme les autres, pour pouvoir changer ou diminuer dans les beautez arbitraires que je prefte à mon fujet fans fcrupule.

Monfieur Perrault dans la Preface de fon livre de l'ordonn. des cinq Ordres.

Le Temple avoit foixante coudées de longueur, fçavoir quarante coudées pour le Temple, & vingt coudées pour le Saint des Saints. Le Temple avoit vingt coudées de largeur, & le Saint des Saints avoit même largeur. Le portique avoit vingt coudées de longueur, & dix coudées de largeur. Le Temple avoit trente coudées de hauteur & deux étages au-deffus, qui avoient les deux enfemble quatre-vingt-dix coudées de hauteur. Chacun tombe d'accord de ces mefures qui font precifes dans la fainte Ecriture: mais quand on dit vingt coudées en largeur, c'eft-à-dire, non compris les murs qui eftoient de neuf coudées d'épaiffeur. Les Interpretes font un mur de ces neuf coudées d'épaiffeur; & il y en a qui veulent qu'au dedans du Temple il y eût feulement des pilaftres pour ornement; les autres font de fimples murs. Pour moy j'ay crû que fans rien perdre de la folidité que devoit avoir le mur, je pouvois (comme j'ay fait) feparer cette épaiffeur en trois, en prenant deux coudées pour des colomnes Ioniques interieures, cinq coudées de vuide, & deux coudées pour le mur; d'autant plus que tout l'édifice, fuivant l'Ecriture & les Interpretes, avoit des travées de cedre & d'airain pour foûtenir fon pavement d'enhaut, que le tout eftoit fans voutes, ces travées fervant de chaifnes. Il eft conftant que la folidité s'y trouve toute entiere: mais ce dégagement qui tient beaucoup de la Bafilique des Anciens, eft d'un grand ornement.

Liv. 3. des Rois c. 6. Liv. 2. des Paralip. cap. 3.

Pour fuivre le Texte de l'Ecriture, j'ay donné au Sanctuaire vingt coudées en longueur, autant en largeur & autant de hauteur; j'ay proportionné le mur à la hauteur, & ay mis des pilaftres d'ordre Dorique endedans; cet ordre convenant parfaitement à l'endroit où eftoit le Dieu de la Force, le Dieu des Armées. J'ay tiré fon jour par le bout: j'en ay tiré peu, fuivant le fentiment des Interpretes; & peut-eftre les anciens Chreftiens avoient-ils pris ce lieu pour modele de leurs Eglifes, où il faifoit ordinairement très-obfcur, pour plus de recueillement. J'ay fait un efcalier qui faille au-dedans du Temple pour monter au Sanctuaire avec majefté, où il n'y avoit que le Grand-Prêtre qui pût entrer une fois l'année feulement.

Le portique avoit, fuivant l'Ecriture, vingt coudées de longueur & dix coudées de largeur ; le tout s'entend, non compris les murs : voicy comment je l'ay diftribué. J'ay donné fix coudées à l'entre-colonnement du milieu, deux coudées à chaque colomne des coftez, qui font les dix coudées dont parle l'Ecriture ; puis j'ay pris cinq coudées de chaque cofté pour les entre-colonnemens, & deux coudées pour chaque colomne, ce qui eft pris pour l'épaiffeur du mur. Ces entre-colonnemens n'ont à la verité rien des cinq entre-colonnemens dont parle Vitruve ; mais ils ne s'en écartent point , & ont une très-belle proportion eftant de deux diametres & demy.

Toftat dit que ce portique eftoit ample , & que pour le défendre des mauvais temps, il y avoit un toit qui le couvroit entierement. Il falloit que ce toit de bois, qu'il dit eftre attaché par le haut au mur du Temple, fût porté par des emmanchemens & liaifons de bois, ce qui n'eft point de bon gouft.

L'Ecriture dit, Que les feneftres du Temple eftoient obliques, ce que j'ay obfervé par le dehors du Temple.

L'Ecriture dit, Qu'il y avoit des coftez au Temple, & qu'il y avoit des platte-formes fur les murs.

Cornelius à Lapide, pour trouver ces platte-formes & coftez autour du Temple, veut qu'on faffe paffer les travées qui portent & font le pavement du Temple, en faillie au-delà des murs ; les premieres de cinq coudées ; le fecondes failloient fur les premieres d'une coudée, & avoient fix coudées ; les troifiémes failloient d'une autre coudée, & avoient fept coudées (ce qui à la verité feroit une étrange figure, & feroit d'un méchant gouft :) que fur ces travées fe mettoient des galleries pour promener ceux qui eftoient au-dedans : que cela eftoit fait, tant pour le plaifir que pour fervir de parapet pour défendre le Temple. Pour moy j'ay pris ces galleries ou coftez dans l'épaiffeur des murs en dedans, ce qui revient aux coudées dont il eft parlé dans l'Ecriture, la plus baffe en ayant cinq, celle au-deffus fix par la retraite des murs & la diminution des colomnes, & la troifiéme fept , outre les faillies des entablemens. Que fi on fuivoit les fentimens de Cornelius à Lapide & de Toftat, qu'on fift paffer en faillie les travées pour porter ces galleries , cela contrediroit l'Ecriture qui veut qu'on en écartât les travées, & qu'elles fuffent pouffées en-dehors tout autour & fans laifon avec les murs du Temple, ce que j'entends avoir efté dit pour les maifons des Prêtres, & non pour ces galléries, lefquelles maifons j'ay feparées entierement du Temple par une petite cour.

ẽ ij

L'Ecriture dit, Qu'on montoit dans ces étages hauts par une vis: on pretend que cette vis estoit dans l'épaisseur du mur ; pour moy j'en ay mis deux pour symetrie, que je fais dans l'exterieur, & rentrent dans le mur du Temple, d'où l'on monte dans les étages hauts sans incommoder le Temple.

L'Ecriture dit, Qu'il fit un *Atrium* orné de trois ordres differens de pierres. Il y a differens sentimens sur cet *Atrium*. Cornelius à Lapide en admet de trois sortes: Celuy des Prêtres où ils faisoient leurs fonctions, & où estoient les Autels des holocaustes, & cette grande Cuve qu'on appelloit, *Mare aneum*, & d'autres cuvettes ; si-bien qu'il estoit extrêmement grand : cet *Atrium* n'estoit fermé par la partie opposée au portique, que par un appuy (ce que j'ay suivi) & qu'autour de cet *Atrium*, comme autour de celuy du peuple, il y avoit des portiques pour se retirer durant les pluyes: Que celuy du peuple estoit plus bas que celuy des Prêtres de huit degrez, & qu'il enfermoit de trois costez celuy des Prêtres, jusqu'à l'endroit du portique : que les portiques estoient soûtenus de colomnes: Qu'il y en avoit un troisiéme appellé l'*Atrium* des Gentils.

Pour moy je n'en ay fait que de deux sortes: Celuy des Prêtres que j'ay poussé jusqu'au-delà du Temple, suivant le sentiment de Tostat, & ay mis le Temple comme au milieu, n'estant point de bon goust ni raisonnable de le metttre seulement au-devant, mais cet *Atrium* devant enfermer le Temple & les maisons des Prêtres : Et j'ay fini celuy du peuple (qui enferme celuy des Prêtres par les costez) au droit du portique du Temple, & j'ay fait regner la terrasse du portique jusqu'au-delà des *Atriums*, afin de donner au peuple la commodité d'y pouvoir aller, suivant Tostat, puisqu'il est remarqué dans l'Ecriture même qu'on s'y promenoit : & en effet, cet endroit devoit estre une des plus agreables choses du monde, l'*Atrium* des Prêtres, qui n'estoit fermé au-devant du portique que d'un appuy, n'empêchant point que la vûë ne se portât & ne découvrit toute l'étenduë de l'*Atrium* du peuple. J'ay mis, non point des colomnes, mais des piles pour plus de solidité, & pour conserver au portique & au Temple la beauté qui leur est requise. Il y avoit autour du Temple des maisons des Prêtres, ou excedres, qui estoient les lieux où ils se retiroient pendant la semaine de leurs fonctions. Je les ay separées du Temple par une petite cour, pour plus de respect. Cornelius à Lapide les confond avec les galleries ou platte-formes qui estoient tout autour du Temple, qui avoient cinq coudées de largeur, & dit que ce n'estoit que des cellules, ce que je n'ay pû approuver. Il veut dans un autre endroit, que dans les *Atriums* il y eût des chambres pour habiller les Prêtres, & pour les retirer & y demeurer.

Tostat dit, qu'autour des costez du Temple il y avoit des maisons jointes, appellées *Excedra*, où demeuroient les Prêtres, ce que j'ay suivi.

Tostat

AVERTISSEMENT.

Toſtat dit, qu'il n'y avoit qu'une ſeule porte dans le Temple du coſté de l'orient, & une autre pour entrer dans le Sanctuaire, ce que j'ay ſuivi.

Toſtat dit, qu'outre ces maiſons des Prêtres, il y avoit encore une grande maiſon qu'on appelloit Synedrin, ou la Maiſon du Conſeil, à la partie du Temple du coſté du midy, & que là s'aſſembloit le Grand-Prêtre, avec ſeptante Anciens, qui eſtoient les ſouverains Juges.

Pour moy, j'ay éloigné cette piece du Temple & des maiſons des Prêtres, ces lieux devant avoir une grande tranquillité; outre que cette piece ne pouvoit faire aucune ſymmetrie: de ſorte que je l'ay miſe au-delà de l'*Atrium* des Prêtres, comme une piece détachée, où le peuple pouvoit s'aſſembler commodément, & où le Grand-Prêtre pouvoit aller à couvert pour rendre la juſtice, cette piece apportant en cet endroit beaucoup de magnificence.

Les deux étages au-deſſus du Temple, qui ſont ſi oppoſez aux regles de l'Architecture, ayant quarante-cinq coudées chacun d'élevation au-deſſus du principal lieu qui n'en a que trente, donnent à la verité bien de la peine à un Architecte, pour leur donner une forme qui ait du beau, ſans entreprendre ſur l'inferieur, qui comme le lieu principal doit ſurpaſſer les autres en beauté & majeſté, tant par la diſpoſition du tout que par la grandeur & la magnificence de ſes ornemens. Ces lieux que j'ay diviſez en deux ordres de colomnes, tiennent chacun quelque choſe des ſalles Egyptiennes: ils tiennent auſſi quelque choſe des ſalles Corinthiennes, en ce que les premieres colomnes ont un ornement entier, & qu'elles ſont éclairées de portiques; ce que j'ay obſervé afin de donner lieu à ceux du dedans de pouvoir ſortir facilement & ſe retirer lors des attaques; puiſque les Interpretes diſent que ces allées ou promenoirs, & le Temple même, eſtoient conſtruits à la maniere des lieux de défenſe.

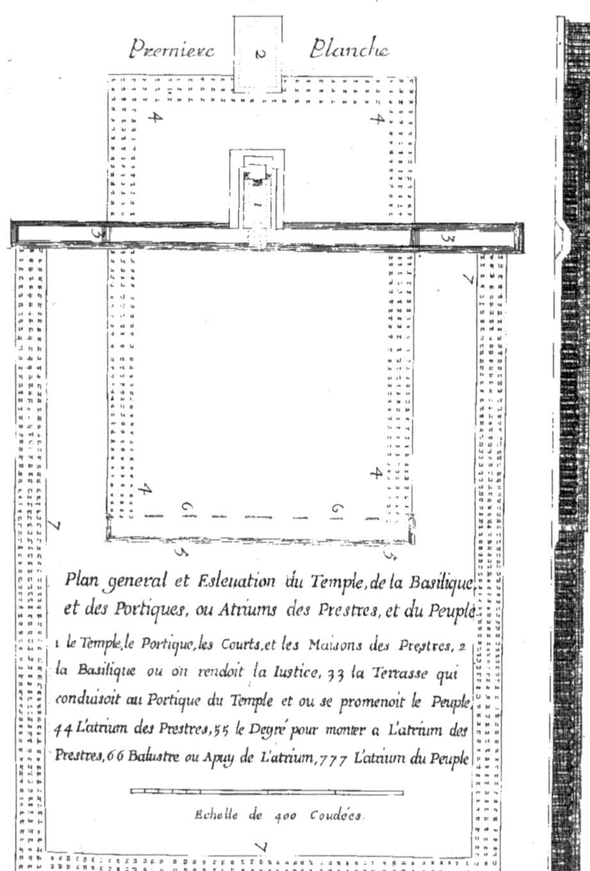

Premiere Planche
Plan general et Eslenation du Temple, de la Basilique,
et des Portiques, ou Atriums des Prestres, et du Peuple.
1 le Temple, le Portique, les Courts, et les Maisons des Prestres, 2
la Basilique ou on rendoit la Iustice, 3 3 la Terrasse qui
conduisoit au Portique du Temple et ou se promenoit le Peuple,
4 4 L'atrium des Prestres, 5 5 le Degré pour monter a L'atrium des
Prestres, 6 6 Balustre ou Apuy de L'atrium, 7 7 7 L'atrium du Peuple
Echelle de 400 Coudées.

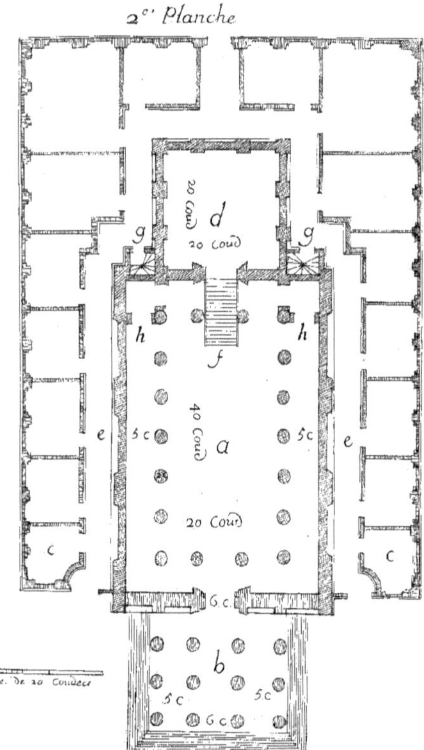

A le Temple, B le Portique, CC les Maisons des Prestres, D le sainct des saincts, EE courts qui separent les Maisons des Prestres dauec le Temple, F l'escalier pour monter au sainct des saincts, GG les Escaliers qui ont leur Entrée en dehors du Temple et viennent rentrer dans le Temple au dessus du Portique HH.

3

4

8.^e Planche

3.^e Etage

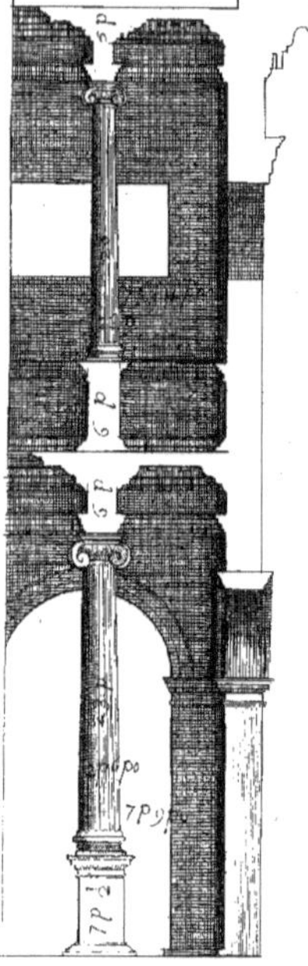

2.e Etage

Profil du Temple rez. de chaussée

6

AVERTISSEMENT.

SI Dieu avoit inſtruit Salomon pour bâtir le magnifique Temple que nous avons tâché de relever ſur les proportions que l'Ecriture nous a laiſſées, nous pouvons croire que ce même eſprit d'ordre & de grandeur ne luy manqua pas dans ce Palais fameux qu'il ſe bâtit; puiſqu'après qu'il fut achevé, Dieu luy apparut pour la ſeconde fois, & puiſque l'Ecriture nous en décrit les proportions comme celles du Temple. Cette reflexion m'a fait entreprendre ce ſecond Ouvrage; & j'ay crû que je ſatisferois à la curioſité de bien des Sçavans, puiſqu'on n'a jamais rien vû de gravé de ce Palais ſi magnifique, qui ſurprit une Reine qui venoit de loin, preparée à voir de grandes choſes. Je me ſuis étonné de ce qui avoit pû empêcher que nous n'en ayons vû juſqu'icy quelques Plans, & pourquoy tant de Sçavans qui nous ont précedé, n'en ont pas orné les Bibles. J'ay crû que le peu qu'en dit l'Ecriture leur avoit oſté la penſée de nous donner ces beaux morceaux, & ils ont apprehendé d'eſtre contraints par ſi peu de matiere, & de n'avoir pas aſſez de liberté & de jour pour achever un Ouvrage qui ne devoit manquer de rien. Sans doute que la contrainte où les jettoit l'Ecriture par le reſpect qu'on doit aux choſes qu'elle rapporte, comme ſeules neceſſaires au ſujet dont eſt parlé, a étonné la vivacité de leur imagination, qui ne pouvant embraſſer tant de choſes en ſi peu de mots, les a détournez du deſſein qu'ils pouvoient avoir conçû pour nous donner ce Palais. Ces mêmes penſées m'ont fait preſque quitter le même deſſein: mais le deſir de ſatisfaire au Public, & à ma propre curioſité, m'a animé à entreprendre une choſe nouvelle, & comme abandonnée. Si mon deſſein n'a pas tout ce qu'on pourroit ſouhaiter d'accompagnemens dans la conſtruction d'un grand Palais, ceux qui ſont du meſtier, & qui auront autrefois medité ſur la même entrepriſe, me rendront la juſtice d'avoir fait une choſe qui pourra eſtre de quelque utilité, puiſqu'elle donnera de l'ouverture à ceux qui y voudront travailler, & qui auront plus de genie que moy: & pour leur abreger chemin & juſtifier des meſures de mes Figures, je vais leur rapporter ce qui eſt précis dans l'Ecriture, & les contraintes auſquelles elle nous aſtraint.

Lib. III. Regum Cap. VII.

<table>
<tr><td>

Domum autem ſuam ædificavit Salomon tredecim annis, & ad perfectum uſque perduxit.

Ædificavit quoque domum ſaltus Libani centum cubitorum lon-

</td><td>

Salomon bâtit & acheva entierement ſon Palais en l'eſpace de treize années.

Il bâtit encore le Palais appellé, la Maiſon du bois du Liban, qui avoit cent

</td></tr>
</table>

coudées de longueur, cinquante coudées de largeur, & trente coudées de hauteur : il y avoit quatre promenoirs entre des colomnes de cedre ; car il avoit fait tailler les bois de cedre en colomnes.

Et il revestit toute la voute de bois de cedre, qui estoit soûtenuë par quarante-cinq colomnes. Chaque rang avoit quinze colomnes

qui estoient posées vis-à-vis l'une de l'autre,

& se regardoient l'une l'autre, estant placées en égale distance ; & il y avoit sur les colonnes des poutres quarrées toutes d'une même grosseur.

Il fit un portique appellé des colomnes, qui avoit cinquante coudées de longueur, & trente coudées de large : & un autre portique au milieu du grand, avec des colomnes & architraves sur les colomnes.

Il fit aussi un portique du Trosne, dans lequel estoit le tribunal, & il le lambrissa de bois de cedre depuis le plancher jusqu'au haut.

Il y avoit au milieu du portique un parquet où estoit son lit de Justice, qui estoit de même ouvrage.

Salomon fit aussi pour la fille de Pharaon (qu'il avoit épousée) un Palais, qui estoit bâti comme le portique.

Le grand parvis estoit rond, & avoit trois rangs de pierres taillées, & estoit un rang lambrissé de cedre.

gitudinis, & quinquaginta cubitorum latitudinis, & triginta cubitorum altitudinis : & quatuor deambulacra inter columnas cedrinas : ligna quippe cedrina exciderat in columnas.

Et tabulatis cedrinis vestivit totam cameram, quæ quadraginta quinque columnis sustentabatur. Unus autem ordo habebat columnas quindecim

contra se invicem positas,

& è regione se respicientes, æquali spatio inter columnas, & super columnas, quadrangulata ligna in cunctis æqualia.

Et porticum columnarum fecit quinquaginta cubitorum longitudinis, & triginta cubitorum latitudinis : & alteram porticum in facie majoris porticus : & columnas, & epistylia super columnas.

Porticum quoque solii, in qua tribunal est, fecit, & texit lignis cedrinis à pavimento usque ad summitatem.

Et domuncula, in qua sedebatur ad judicandum, erat in media porticu, simili opere.

Domum quoque fecit filiæ Pharaonis (quam uxorem duxerat Salomon) tali opere, quali & hanc porticum.

Et atrium majus rotundum, trium ordinum de lapidibus sectis, & unius ordinis de dolata cedro.

Voilà ce que j'ay trouvé dans l'Ecriture Sainte concernant le Palais de Salomon. La question est de faire de tout ce que dessus un Palais digne d'un grand Roy, & le renfermer dans ces mesures sans rien augmenter ès longueurs, ès largeurs, & ès hauteurs prescrites dans l'Ecriture.

Les Interpretes comme Toſtat, diſent, & cela ſe juſtifie par l'Ecriture, que Salomon bâtit trois Maiſons, ſon Palais, la Maiſon appellée du Liban, & le Palais de la fille de Pharaon.

Mais ils diſent que ſon Palais & la maiſon du Liban, eſtoient égales entr'elles, à la reſerve que l'une des deux avoit des appartemens ſoûterrains.

J'ay ſuivi cette penſée, & j'ay fait ſur les mêmes meſures deux Palais entierement égaux qui ne font qu'un corps, qui ont chacun cent coudées de longueur, cinquante coudées de largeur, & trente coudées de hauteur.

J'ay mis, ſuivant l'Ecriture, à chacun un portique de cinquante coudées de longueur & de trente coudées de largeur.

J'ay mis la longueur du portique ſur la largeur du Palais.

J'ay mis un portique de colomnes dans le milieu, ſuivant l'Ecriture : Ce portique eſt ce que nous appellons une loge parmy nous. Aux deux coſtez de la loge ce ſont des portiques ſoûtenus de piles, & non de colomnes, pour conſerver plus de beauté & de magnificence à la loge : ces portiques aux coſtez de la loge, eſtoient un lieu ouvert, fort propre pour mettre la garde du Prince à couvert.

Enſuite de cette loge, j'ay mis un veſtibule orné de huit colomnes qui ſoûtiennent une coupolle, pour toûjours ſatisfaire à l'Ecriture, qui dit que le grand parvis eſtoit rond. *Et atrium majus rotundum.*

Cette piece eſt magnifique dans l'entrée d'un Palais. A coſté & juſqu'aux eſcaliers, ſont des appartemens pour les grands Officiers du Prince.

J'ay enſuite placé les quatre promenoirs : ces quatre promenoirs ſont ſeparez par trois rangs de quinze colomnes chacun, pour ſatisfaire à l'Ecriture. J'ay fait les deux promenoirs du milieu plus larges que les deux autres, afin d'en pouvoir tirer des jours, comme j'ay fait le long de toute la piece, par le milieu des voutes que portent les colomnes, mettant un appuy à chaque jour ſur la terraſſe, pour la commodité de ceux qui ſe promenoient par le haut.

Cette cour couverte pouvoit ſervir à promener les Courtiſans en attendant le Prince. Ce lieu qui eſt très-agreable, & qui met un grand monde à couvert, réünit tous les appartemens du Palais, ſert de gallerie, de cour, & de ſalle.

J'ay fait paroiſtre enſuite une grande ſalle : c'eſt une maniere de ſalle Egyptienne.

On voit & on entre enſuite dans une grande antichambre, qui a vûë ſur les jardins, qui a deux chambres à ſes coſtez. Ces deux chambres ont chacune un grand cabinet; une des chambres a iſſuë ſur le portique de la cour, qui joint ces deux Palais, & par le moyen duquel ces deux Palais ne font qu'un corps. J'ay en cela ſuivi la penſée de Joſeph. *L. 8. fol.* 213.

Au milieu du portique qui joint les deux Palais, & qui ſervoit au peu-

a ij

ple pour se promener en attendant l'heure à laquelle le Prince donnoit ses audiences, j'ay mis une Basilique, suivant l'Ecriture, qui estoit le lieu où Salomon rendoit la justice.

La Basilique a quatre entrées, l'une sur la cour pour le peuple, & les trois autres pour le Prince.

Comme l'Ecriture ne donne aucunes mesures du Palais que Salomon bâtit pour la fille de Pharaon, & qu'il est loisible à chacun de les donner telles qu'il luy plaira, je n'ay point fait ce dessein.

Il y a de trois sortes de coudées : l'une de huit pieds de roy de longueur : la deuxiéme d'environ deux pieds de roy ; & la troisiéme d'un pied & demy.

Je ne me suis pas servi de la premiere, parce que l'étenduë devenant de huit cent pieds de longueur, mes colomnes auroient esté d'un diametre de sept à huit pieds, ce qui ne pouvoit avoir rapport avec rien.

La coudée d'un pied & demy ne m'accommodoit pas non plus, à cause du peu de terrain qu'elle me donnoit.

Je me suis donc servi de celle de deux pieds de roy ou environ.

Il faut supposer icy, qu'il y avoit bien d'autres bâtimens separez qui servoient à la Maison du Prince ; que les cuisines, les écuries, & les maisons des Officiers estoient des pieces toutes détachées de ces Palais, & qui faisoient Plan avec ces Palais & avec la Maison de la fille de Pharaon. On se fait des idées admirables de toutes ces choses : j'en aurois bien mis icy un Plan general ; mais j'ay esté bien-aise de ne rien faire que sur les mesures de l'Ecriture, de peur d'apporter de la confusion, ce qui apparemment a fait de la peine à ceux qui nous ont precedé. Et si mon travail est assez heureux pour recevoir l'approbation des habiles dans l'Art, je pourray tracer un jour l'idée que j'ay conçuë de tous les accompagnemens de ce Palais ; à moins que quelque genie plus heureux que le mien ne veuille s'en donner la peine. J'aurois souhaité que d'autres que moy eussent entrepris le même Ouvrage en même-temps, & que nos desseins eussent paru dans un jour fixé, cela auroit donné plus de plaisir par la varieté des pensées ; au-lieu que quand on a vû le dessein d'un autre sur un sujet, on ne fait souvent que le blâmer, en se servant de son dessein pour en faire comme un nouveau par la critique qu'on fait du premier.

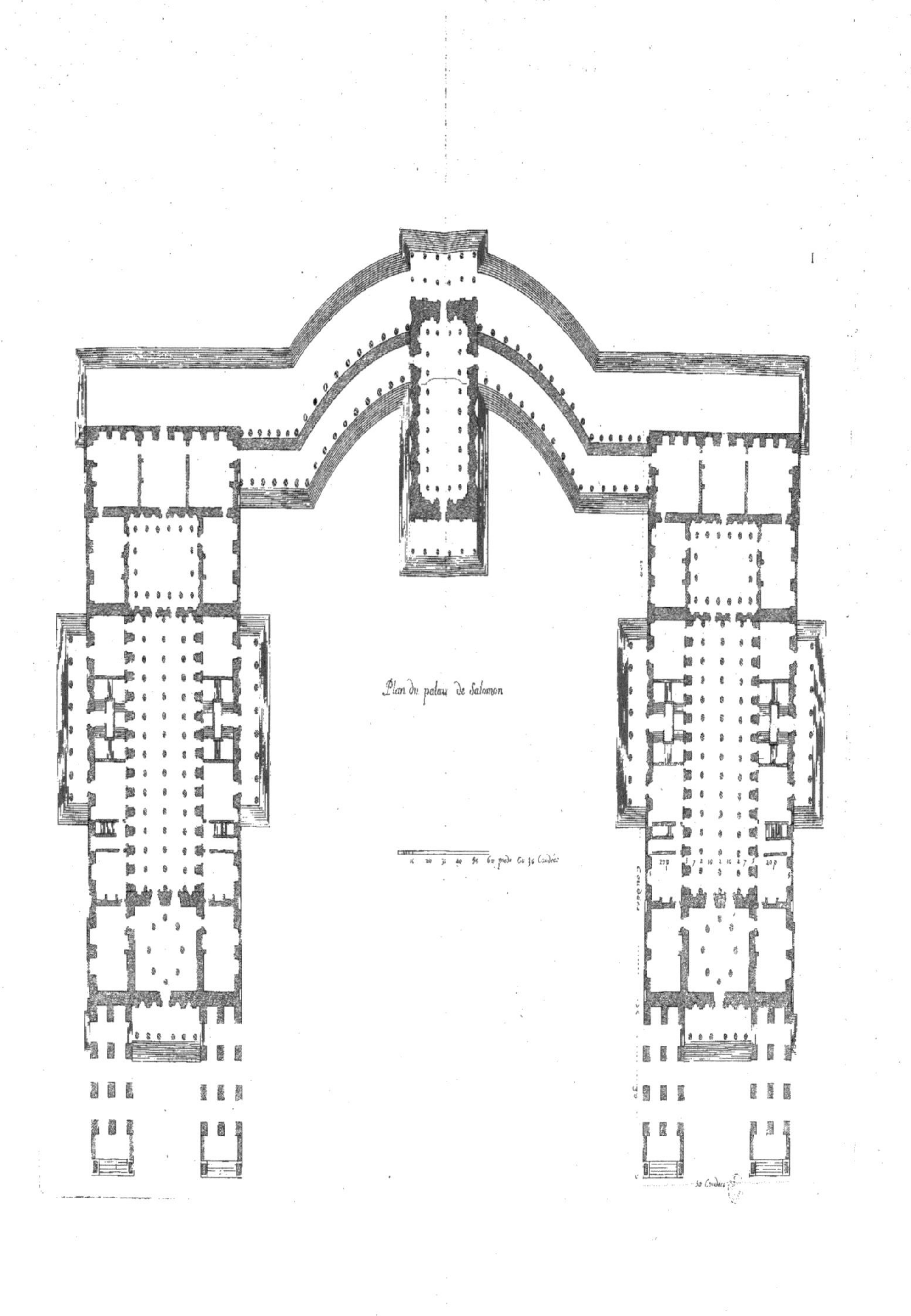

Plan du palais de Salomon
30 Coudees

façade anterieure

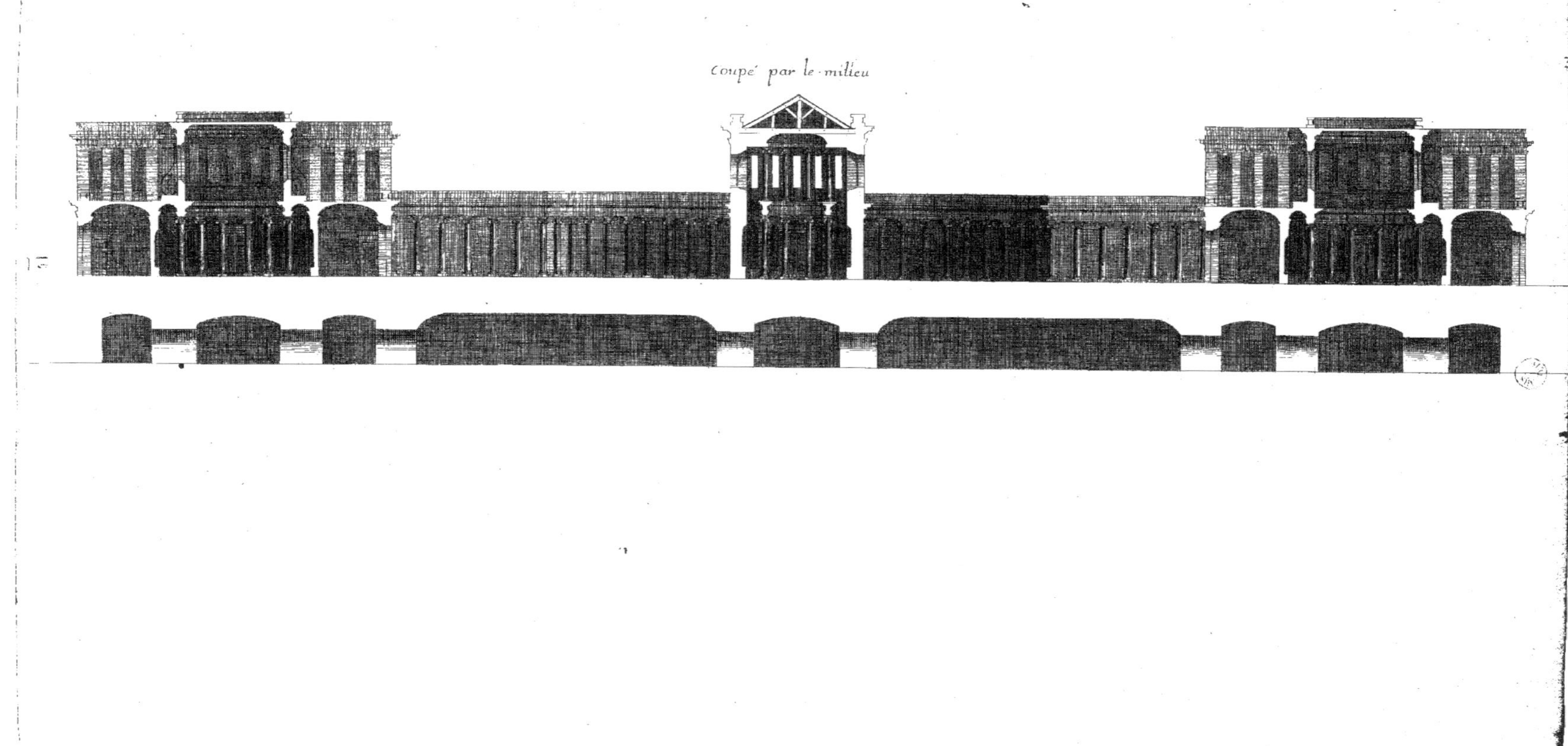

coupé par le milieu

Veue du costé des Jardins

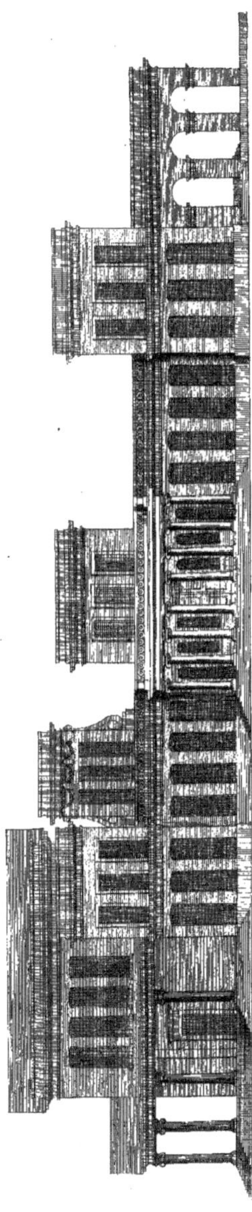
Veue par le flanc

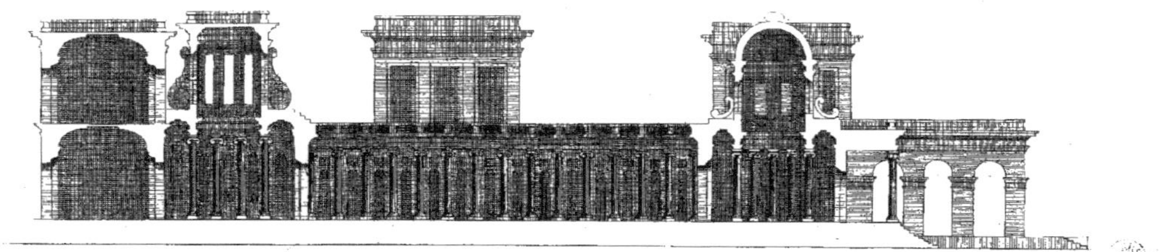

Le flanc coupé

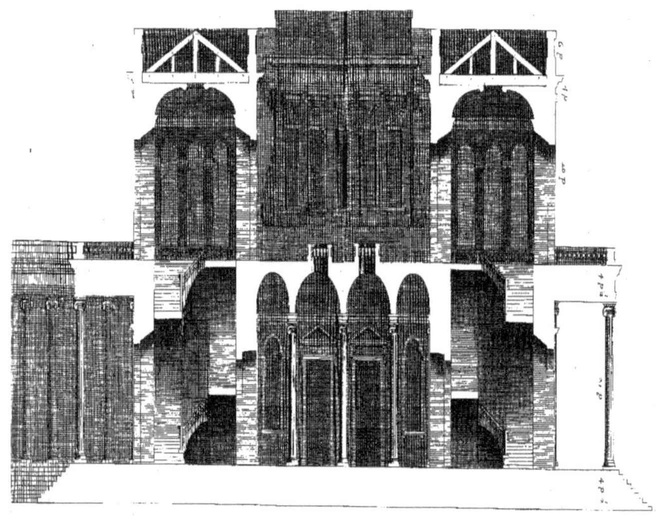

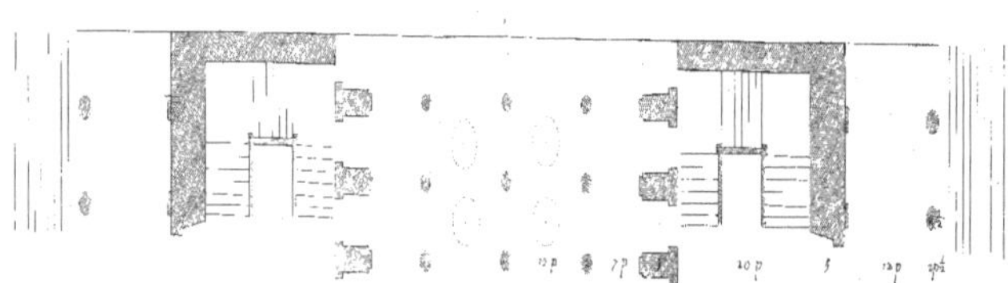

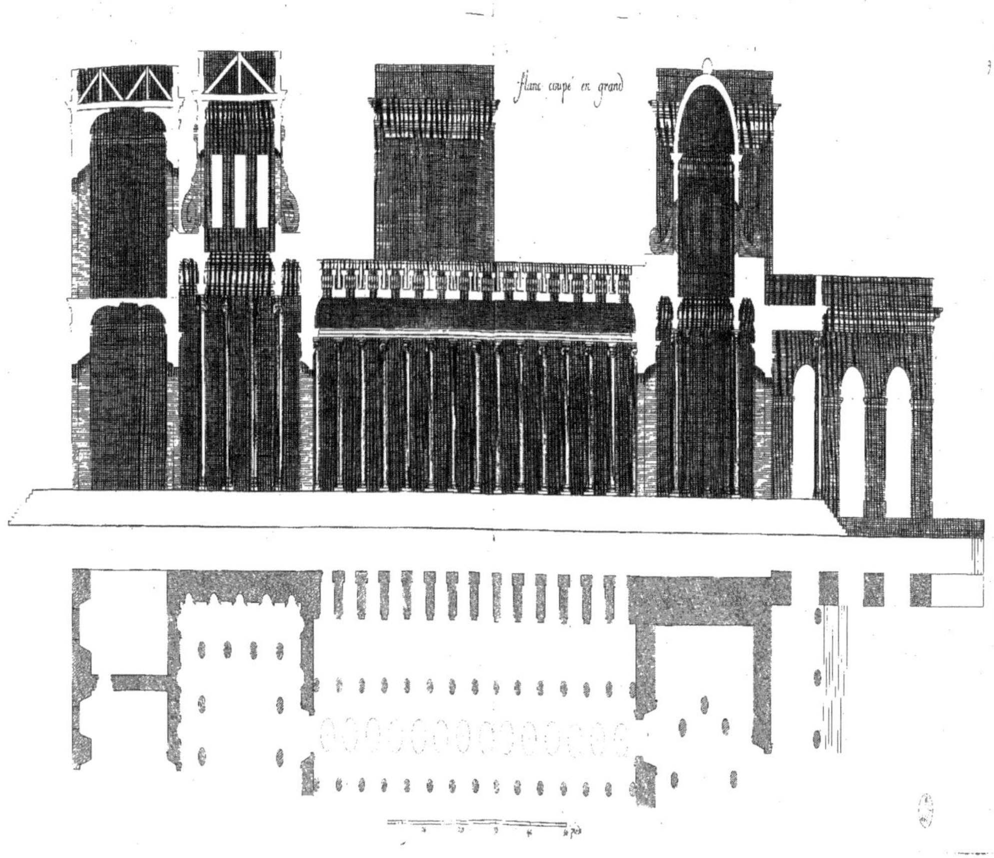
flanc coupé en grand

www.ingramcontent.com/pod-product-compliance
Lightning Source LLC
LaVergne TN
LVHW022346170726
843503LV00008B/3575